Yf 9032

DISSERTATION
SUR LES TRAGEDIES
DE PHEDRE
ET HIPPOLYTE.

A PARIS,

Chez CHARLES DE SERCY, au sixiéme
Pillier de la Grand' Salle du Palais, vis-à-vis
la Montée de la Cour des Aydes,
à la Bonne-Foy couronnée.

_____

M. DC. LXXVII.
Avec Privilege du Roy.

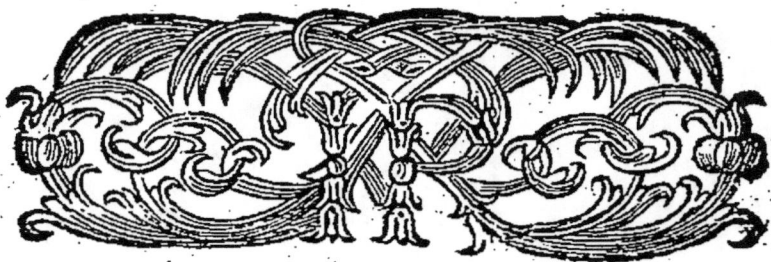

DISSERTATION
SUR LES TRAGEDIES
DE PHEDRE
ET HIPPOLYTE.

PUISQUE vous voulez, Monfieur, que je vous inftruife exactement de tout ce qui fe paffe dans la Republique des Lettres, ma tendre amitié me fait un devoir fi preffant de cette coûtume, que je neglige des nouvelles de plus grande confequence, pour vous apprendre celles qui pourront vous divertir davantage.

Auffi bien dans fon vol quelle plume affez vaine
Pourroit fuivre Louis quand fa Valeur l'entraîne:
Pour le rapide cours de tant de grands Exploits
La Victoire manque d'haleine,
La Renommée eft fans voix,
Et fon bras femblable au Tonnerre

Peut feul en fon jufte courroux
Faire dans un inftant aux deux bouts de la Terre
Eclater & fentir fes coups.

Dans la rude faifon où la chaleur des armes a femblé la plus refroidie, la guerre
des lettres s'eft enflamée davantage; & lors
que les glaces & les frimats n'ont pas permis à nos Guerriers d'attaquer des ram-
parts, & de défaire des Armées, ils ont laiffé
à nos Poëtes la liberté de paroiftre glo-
rieufement fur les Theatres, & ont prêté
des occafions favorables aux beaux efprits
pour fe fignaler par de fçavants combats
dans les cercles & dans les ruelles.

C'eft en vain que le faint zele de quelques Predicateurs éclairés s'eft gendarmé a-
vec tant d'aigreur contre la Comedie pendant cét Advent: Ils ont inutilement voulu faire connoiftre au Peuple, que les Pieces Comiques ne font compofées que
d'infames intrigues, ne font remplies que
de fales equivoques, ny foûtenuës que par
de honteux caracteres, qui donnant à nos
efprits des alimens impurs & peu folides,
le corrompent au lieu de le nourrir, & nous
feduifent loin de uous inftruire.

Toûjours d'un beau pretexte on fe laiffe toucher,
Et certain Abbé qu'on renomme,
Difoit qu'il n'alloit voir le Crifpin Gentil-homme
Que pour apprendre à bien prêcher.

Enfin, Monsieur, sans condamner la Comedie en general, & sans les approuver toutes dans le particulier, sans justifier les infamies qui s'y debitent, & sans noircir les belles idées qu'on y peut puiser; je veux bien vous dire, que le fracas que font depuis peu de temps à Paris les brigues de deux Autheurs ennemis; les Vers satyriques que chacun des deux partis a debité dans le monde, & la curiosité de voir de quelle maniere deux genies tout differents avoient traité une mesme matiere, me firent resoudre à donner quelques heures de mon loisir à ces deux diverses representations, & le sujet des amours de Phedre & d'Hippolyte, si bien traité par Euripide, si fortement écrit par Seneque, & tant de fois chanté par nos Poëtes, me sembla meriter d'autant plus d'application, que Monsieur Racine avoit pris la peine de l'accommoder à nostre Scene; & que Monsieur Pradon avoit eu l'audace de le doubler, sans considerer la haute reputation que s'est acquis dans ces sortes d'ouvrages un si grand homme, qui pourroit dire de Pradon comme Ajax disoit autrefois d'Ulisse.

Dans le docte combat où court ce temeraire,
 Il est seur d'un digne salaire,
 Et vaincu comme je prevoy,
 Tant d'honneur doit le satisfaire,

Puisque c'est vaincre ailleurs que combattre avec
moy.

Laissant donc à part les raisons que ce
nouvel Autheur étranger à la Cour, ap-
puyé de fort peu d'amis, & connu du Peuple seulement, par le succez d'une piece &
le naufrage d'une autre, eût d'attaquer cét
illustre génie, favorisé des Puissances, ad-
miré du Peuple & approuvé des Sçavans,
sans decider si le succez trop avantageux de
Pirame & Thisbé pût alarmer les regulie-
res beautés de la Thebaïde, la grandeur
d'Alexandre, la majesté d'Andromaque, la
fierté de Britannicus, la force de Mitrida-
tes, & les charmes d'Iphigenie, sans oser,
dis-je, examiner ou douter si la brusque fierté de Tamerlan doit sa prompte chute à des
brigues indignes de Monsieur Racine, ou
au défaut de sa propre conduite ; il est con-
stant que Monsieur Pradon, par ressenti-
ment legitime, ou sans raison, a traité Phedre & Hippolyte, dans le temps qu'il a
sceu que Monsieur Racine se preparoit à
donner à ce Chasseur du temps jadis, &
à cette vieille forcenée toutes les beautés
qui les pouvoient rendre dignes du Cabinet d'un grand homme, & de la faveur du
beau sexe qui donne le prix à toutes choses.

Dés que de ce deffein la nouvelle eſt ſemée,
Chaque Autheur fait ſa brigue & forme ſon party,
Chacun des deux inſtruit ſa troupe au lieu d'Armée;
Racine en choiſit une à vaincre accoûtumée,
Et Pradon d'une moindre eſt enfin aſſorty.

Je ne vous diray point auſſi s'il eſt vray
que Monſieur Racine ait eu l'adreſſe &
le pouvoir d'enlever à Monſieur Pradon
les principales forces de ſa trouppe : J'aime mieux croire, comme quelques-uns nous
ont voulu perſuader, que la crainte de ne
pouvoir pas égaler une actrice inimitable,
a fait refuſer le premier employ dans cette
Piece à une perſonne qui s'en fût ſans doute
bien acquitté, & que la fierté d'une autre
a dédaigné d'accepter, ce que la premiere
avoit refuſé par une prudence un peu trop
timide. Quoy qu'il en ſoit, ces ſortes de
diſcuſſions ne ſont pas de noſtre caractere,
& toute la part que nous pouvons y prendre, eſt le plaiſir que donnent au Public des
perſonnages bien ſoûtenus, ou le chagrin
qu'inſpirent des caracteres mal remplis.

Ces Belles pour Pradon ont eü peu de bontés,
Et ſoit que l'une craigne & l'autre ſe mutine,
Tout ce que le Theatre étale de beautés
Semble ſe dévoüer au bien-heureux Racine.

Je viens donc au ſujet de la Piece, &
voicy ce que la Fable nous en apprend:

Thefée, Roy d'Athenes, fils d'Æthra & de
Neptune, époufa une Amafone, que quelques-uns appellent Antyope, & d'autres
Hippolyte, dont il eut un fils du mefme
nom, d'une vertu & d'une beauté admirable. Cette Amazone eftant morte, Thefée fe remaria à Phedre, fœur d'Arianne,
toutes deux filles de Pafiphaé; de qui les
Poëtes nous apprennent de fi étranges chofes, & de Minos, Roy de Crete; quelques-uns difent que Thefée ayant tué fans
y penfer, un de fes parens, nommé Pallas,
fut contraint de s'enfuir. Paufanias aux
Attiques, dit que ce mefme Pallas & fes
enfans s'eftans révoltés contre Thefée, il
fut leur donner le combat & la mort, &
laiffa en partant à Pitheus, le foin d'élever
fon fils; qui s'eftant confacré à Diane, ir-
rita fi fort Venus, qu'elle verfa dans le
cœur de Phedre, un amour inceftueux,
dans lequel Hippolyte trouva fa perte; car
ayant fièrement repouffé la Nourriffe de
Phedre, qui s'eftoit engagée de luy faire
cette horrible declaration. Phedre pleine
de honte, de defefpoir, & d'amour, s'é-
trangla elle-mefme, & accufa par un billet
Hippolyte, de l'avoir voulu forcer; ce que
Thefée croyant à fon retour, il bannit Hippolyte, & pria Neptune, que pour l'une
des trois faveurs qu'il avoit promis de luy

faire, il luy accordât la punition & le sup-
plice d'Hippolyte, qui se vit peu aprés de-
membré par ses chevaux, que la terreur
d'un monstre envoyé par Neptune, avoit
effrayés, & fit fuir au travers des rochers,
qui déchirerent le corps d'Hippolyte, em-
barassé dans son chariot. Pausanias aux
Corintiaques, dit que cét Hippolyte ne
fut pas déchiré par ses chevaux, qu'on n'en
voyoit aucune sepulture à Tresene, & que
tous ceux de cette ville assuroient, qu'il a-
voit esté transporté au Ciel, & changé en
Astre pour sa chasteté : d'autres disent,
qu'il fut déchiré, mais ressuscité par Escu-
lape, que Jupiter foudroya, pour avoir
entrepris de donner la vie à ce qu'un Dieu
avoit détruit. Ovide, au quinziéme des
Metamorphoses, parle à-peu-prés de même, & change cét Hippolyte en un autre
homme, nommé Virbius, comme qui diroit deux fois homme, le met dans la Forest d'Aricie, prés de Rome, & traite encore cét Amour dans ses Epistres.

Vous voyés bien, Monsieur, que ce sujet
n'est guere propre au Theatre François, &
qu'un pareil crime ne donnant que de tres-
méchantes idées, ne devoit jamais remplir
nôtre Scene ; aussi voyons-nous que ce que
nous avons eu d'Autheurs qui l'ont voulu
traiter, n'y a jamais reussy ; l'exemple d'Eu-

ripide & de Seneque, qui ont donné cette
piece aux siecles passez, n'authorise point
nostre siecle à la produire. Il y a eu des
temps où l'on ne connoissoit presque point
d'inceste, d'autres où l'on n'étendoit pas
ce crime si loin; & nous voyons mesme que
les Juifs tâchant à l'envy, d'entrer dans la
genealogie de Jesus-Christ, & chaque famille recherchant l'honneur de donner un Messie aux hommes, défendoient
par des loix expresses, qu'une veuve se re-
mariât à un étranger, qu'au refus des plus
proches parents de son mary, qui devoit
estre autentique, comme nous voyons dans
les Lettres sacrées.

Je sçay que les deux Autheurs Payens
dont nous parlons, ont traité pourtant cette action comme criminelle; mais je suis
persuadé qu'ils ne la regardoient pas aussi
scrupuleusement que nous, qu'ils ne la
voyoient pas dans toute l'étenduë de son
enormité; mille semblables crimes qu'ils
imputoient à leurs Dieux, diminuoient
l'horreur qu'ils en devoient concevoir; tous
ces vices, soûtenus & parés de ces vains &
superbes phantômes de divinité, arrachoient
de leurs cœurs plus de respect que de haine,
& ces monstres de leur imagination for-
çoient avec tyrannie les maximes les plus
justes de leur raison à se taire.

Ce qui peut encore excufer la Phedre d'Euripide & de Seneque, & ce qui doit condamner celle de Meffieurs Racine & Pradon, c'eft que chés ces Anciens elle eft entraînée malgré elle dans le precipice, felon le principe de leur Religion, elle fe trouve forcée par le Ciel à commettre ce crime; c'eft une Divinité qui tyrannife fon cœur, c'eft une puiffance abfoluë qui l'en-flâme; c'eftoit un article de foy parmy eux, de croire qu'elle n'avoit, ny le pouvoir, ny la liberté de refifter à fes impulfions do-minantes; & comme ils faifoient leur Theo-logie de ces Fables, cét amour ne leur fem-bloit pas fi horrible qu'à nous, qui peu fen-fibles à tout ce qu'on nous dit de la colere de Venus, peu foûmis à ce qu'on nous conte de la toute-puiffance de ces Dieux imaginaires, fçavons qu'il eft toûjours li-bre & toûjours honteux de commettre des crimes, & qui attachant le vice à la feule volonté du criminel, regardons toûjours cette horrible action, fans pretexte, fans voile & fans excufe.

Enfin, outre l'horreur naturelle que nous avons pour ces fortes de crimes, la pureté de nos mœurs, & la delicateffe de noftre Nation, ne peuvent envifager Phedre fans fremir. Nous n'oferions brûler pour nos parentes les plus éloignées, l'Eglife nous le défend par fes Loix. Ces Loix ont fait une coûtume parmy nos Peuples, cette coûtume a formé une habitude chez nous, cette habitude s'eft fi fort enracinée dans nos efprits, qu'elle nous en a fait une raifon qui a pris un droit fi abfolu de gouverner mefme noftre cœur; que tout ce qui choque le plus legerement ce principe, femble offencer griévement la nature & la raifon; on voit mefme, qu'à mefure que les termes d'incefte & d'inceftueux frappent nos oreilles, leur idée glace nos cœurs. J'ay veu les Dames les moins delicates, n'entendre ces mots, dont cette Piece eft farcie, qu'avec le dégoût que donnent les termes les plus libres, dont la modeftie ne peut s'empêcher de rougir, & je trouverois Monfieur Racine fort dangereux, s'il avoit fait cette odieufe Criminelle, auffi aymable & autant à plaindre, qu'il en avoit envie, puis qu'il n'y a point de vice, qu'il ne pût embellir & infinuer agreablement aprés ce fuccés.

J'en dirois autant de Monfieur Pradon, fi je n'eftois perfuadé, que l'envie qu'il avoit de traiter le mefme fujet que Monfieur Racine avoit pris, l'attachoit indifpenfablement à cette odieufe matiere, & je ne croirois pas qu'on le pût excufer, fi poffedant auffi bien les anciens Autheurs, l'Histoire & la Fable que le docte Monsieur Racine , & ayant eu deux ans entiers à traiter un sujet comme ce grand homme, il s'estoit attaché à une matiere si odieuse ; car enfin tous les efforts que fait Monsieur Pradon pour adoucir un si rude sujet, ne luy peuvent servir de rien, il falloit le traiter dans son affreuse verité , ou ne le point toucher du tout ; c'est un trait trop connu de la Fable receuë, qui demande autant d'exactitude , & qui a autant de credit que le plus celebre passage des Histoires les plus approuvées ; & si comme l'assurent tous les Autheurs anciens & modernes qui ont traité du Poëme Dramatique le sujet de la Tragedie (n'estant point de pure invention) doit estre connu & fondé dans l'Histoire ou dans la Fable receuë, l'essentiel du sujet ne se peut changer ; puis qu'il doit toûjours paroistre sous l'idée connuë, qui luy sert de fondement : la raison en est, qu'on doit moins choquer le sens commun dans la matiere où l'on se fonde, qu'en toute autre circonstance ; que tout le monde s'estant fait une idée universelle, & une notion determinée du sujet connu qu'on doit choisir ; c'est faire perdre au sens commun sa route ordinaire , c'est vouloir détruire la connoissance universelle, s'opposer aux principes generalement receus , &

embaraſſer mal à propos nos eſprits, que
de changer l'eſſence d'un ſujet connu ſous
une idée, pour luy donner une autre face,
ſous laquelle on ne l'a jamais enviſagé:
Ainſi la Phedre de Monſieur Pradon n'é-
tant point mariée avec Theſée, n'eſt point
cette inceſtueuſe Phedre, qui brûloit pour
le fils de celuy qu'elle avoit épouſé; il a détruit le ſujet en voulant affoiblir le crime,
embaraſſé noſtre eſprit en voulant le puri-
fier, & cét Autheur craignant d'enfraindre
les loix de la modeſtie & de la bien-ſeance, a violé les regles du Theatre & du bon
ſens.

J'avoüe que ce ſujet eſt extrémement
rude, & qu'il ne peut eſtre adoucy; mais
je ne blâme pas moins ceux qui l'ont choi-
ſy, que ceux qui l'ont imité; & ſi c'eſt trop
preſumer de ſes forces, que vouloir donner
des beautez à la laideur, & entrepren-
dre de combatre la Couſtume, la Nature,
& la Raiſon; c'eſt avoir une obſtination
trop aveugle, de vouloir s'attacher à un
méchant ſujet, qui ne peut eſtre changé,
& de croire l'embellir en le détruiſant. Le
grand Genie qui a mis l'Oedipe ſur noſtre
Theatre, n'a pas voulu en oſter l'Inceſte,
& le Parricide qui y ſont attachés, ny luy
faire commettre ces crimes en penſée ſeu-
lement. Il a laiſſé cette Action dans toute

l'étenduë où elle nous eſt connuë : Il n'a
rien changé d'eſſentiel ; mais il ne s'eſt pas
auſſi contenté, pour juſtifier ce criminel,
de dire que les Aſtres & les Dieux l'atta-
choient indiſpenſablement à ces crimes. Il
ſçavoit que cette excuſe n'a pas aſſés de
poids parmy nous pour contre-balancer
l'horreur que nous donnent des forfaits ſi
deteſtables ; & par un Art dont ce grand
Maiſtre eſt ſeul capable, il a fait commettre
tous ces crimes à ce Heros ſans le rendre
criminel : Il en a détaché l'horreur, dont
les Anciens l'avoient enveloppé (pour fla-
ter la haine, que les Républiques avoient
conceu des Rois ; comme on voit encore
dans le Thieſte de Seneque) il excite la pitié
pour cét innocent coupable.

Et le fait voir enfin Inceſte & Parricide,
Sans avoir fait un pas, que ſur les pas d'Alcide.

Encore peut-on dire, que depuis que ce
mal-heureux Heros eſt convaincu de ces
forfaits ; on ne le regarde qu'en fremiſſant,
quoy qu'on ſoit pleinement perſuadé, qu'en
faiſant tous ces crimes, il ne croyoit pas
les commetre, ne travaillant que pour la
Gloire, & cét illuſtre Autheur meſme ne
l'offre plus aux yeux des Spectateurs aprés
l'entier éclairciſſement de cette fatale verité. Ainſi je conclus de ce que je viens d'a-

vancer fur ce fujet commun à nos quatre
Autheurs, qu'Euripide a pû fans manquer
donner ce fpectacle à ceux de fon temps,
que Seneque fur fes traces a traité ce fujet fans pecher contre les regles de fon
fiecle, que Monfieur Racine ne pouvant
rendre Phedre vertueufe au milieu de fes
crimes, ne la devoit point expofer à nos
yeux, & que Monfieur Pradon s'eftant attaché à la faire paroiftre, la devoit mon-
trer au Public auffi criminelle qu'elle a
efté veuë des Anciens.

Quant au Caractere des Perfonna-
ges, Monfieur Racine a fait fon Thefée
trop credule, & trop imprudent, & l'on
n'y voit aucun trait de cette grande image
que l'Antiquité nous a laiffée; fi ce n'eft
l'orgueilleux fouvenir, & les trop frequens
recits de tant de belles actions: Monfieur
Pradon a, ce me femble, un peu mieux fondé la credulité de ce Heros; & l'Oracle
qui luy eft rendu fur ce fujet, certains
Vers femés en differens endroits de la Piece, qui depeignent ce Roy d'un naturel
fi jaloux, qu'il a immolé fa premiere femme à fes foupçons, fon fils trouvé à genoux devant Phedre à qui il baife la main,
des foûpirs d'Hippolyte mal expliquez, &
quelques autres incidens, quoy que trop
groffiers dans leur invention, & tres foibles
d'eux-

d'eux-mefmes, excufent un peu davantage cette créance facile qui choque fi fort le bon fens & la vray-femblance. Mais Seneque l'a traité d'une maniere admirable dans fon temps : Il en fait un grand Homme, il foûtient par tout fon caractere, & le crime qu'on luy veut faire croire, & qu'on impute à Hippolyte, eft fi bien fondé, & fi clairement prouvé, qu'il n'eft pas prefque permis d'en douter ; le defordre de Phedre fi bien décrit, les cris de la Nourrice qui dit : *Accourez, Atheniens, que tous ceux qui font dans le Palais nous preftent fecours, Hippolyte veut forcer fa belle-mere, il veut l'affaffiner;* quand elle dit à ceux des Atheniens qui font accourus le plus promptement, en montrant Hyppolite au fonds du Theatre, *Voyez, le voila qui fuit, & dans la crainte d'eftre furpris, il a laiffé fon épée qui eft le témoin de fon crime.* Enfin le Chœur du fecond Acte qui le voit fuyr, & qui dit qu'il *va plus vifte que le vent,* font des preuves aufquelles on peut adjouter foy fans eftre trop facile, & la mort que fe donne Phedre dans Euripide, & le Billet par lequel elle accufe Hippolyte en mourant, font encore des convictions que nous recevons tous les jours contre les coupables. Phedre eft un caractere forcené, Monfieur Racine luy don-

ne trop d'amour, trop de fureur, & trop
d'effronterie. Seneque qui a tafché d'a-
doucir cette paffion affreufe, luy fait dire
dans la feconde Scene du Premier Acte,
Qu'on l'a mariée contre fon confentement,
qu'on luy a donné pour Epoux un mortel
ennemy, luy fait marquer un jaloux dépit,
de ce qu'une inconftance empêche le retour
de Thefée ; & ce qui eft de plus adroit,
& de plus fçavant, eft que pour donner
quelque fondement à la haine de Venus,
qui fert de voile & d'excufe à cette paffion deréglée, ce grand Genie de l'Antiquité, dit, que Venus qui hayt la Race du
Soleil, fe venge des clartez qu'il prêta pour
la faire voir entre les bras de Mars ; & je
m'étonne que nos Autheurs modernes ayent
negligé un paffage fi propre au fujet, & fi
adroitement tourné. Pour la Phedre de
Monfieur Pradon, on ne fçait ce qu'elle
eft, ny ce qu'elle dit ; elle n'a point de caractere arrêté, fa Politique eft fans fondement, & toutes fes actions auffi bien
que fes difcours ne fignifient aucune chofe.
Euripide ne porte pas cét amour dans un
fi cruel excez que noftre premier Autheur.
Phedre n'a pas tant d'effronterie, elle ne
declare point fa tendreffe à Hippolyte,
elle n'ofe l'approcher, & malgré le feu
qui la confume, on luy voit tant de rete-

nuë, que sa nourrice ayant découvert à Hippolyte le secret qu'elle luy avoit arraché, elle se pend de dépit & de honte, de ce que cét Amant connoist son crime.

Pour Aricie, j'avoüeray de bonne foy, que c'est un Personnage Episodique assés heureusement trouvé, & assés bien conduit par Monsieur Racine : Il est mesme fondé sur quelques écrits des Anciens, qui nous apprennent qu'Hyppolite estant devenu amoureux de cette Aricia, de la contrée d'Attique ; il l'emmena en Italie où il l'épousa, & qu'elle donna son nom à une Ville proche de Rome, qui estoit autrefois une Forest consacrée à ce couple d'Amans ; & nous voyous mesme qu'Horace, Ovide, & Virgile, en font mention. Monsieur Pradon ne luy a pas donné un caractere assez judicieux, c'est elle qui fait l'Amour à Hippolyte, qui luy dit tout ce qu'il devroit luy dire de plus tendre, & elle découvre comme une étourdie sa passion devant Phedre, par un mot que la personne la moins raisonnable n'auroit pas prononcé : Hippolyte est un bon & simple jeune homme. Henone est coppiée d'aprés la Nourrice, & les autres personages ne valent pas que nous nous y arrétions.

Si je ne craignois point de vous en-

nuyer, Monfieur, j'examinerois à prefent
ces deux Pieces dans le détail, & mefme
chaque Scene dans le particulier, & peut-
eftre y trouveriez-vous des remarques qui
ne vous déplairoient pas, & que je ne
puis m'empêcher de vous tracer icy : En
tout cas fi cét écrit paffe les bornes d'une
lettre, fouvenez-vous que nous ne leur
donnons pas de fi étroites limites dans nôtre commerce, & fi la longueur de celle-cy vous ennuye, refervez-en une partie pour une feconde lecture : Je vais cependant commencer par la Piece de Monfieur Racine, qui pour toute forte de rai-
~fons merite bien d'avoir le pas devant.

ACTE PREMIER.

SCENE PREMIERE.

A L'ouverture du Theatre, Hippolyte dit à Teramene, fon Confident,
qu'il veut partir de Trefene, fur quoy
ce cher amy, luy dit.

Et depuis quand, Seigneur, fuyez-vous la prefence
De fes paifibles lieux fi chers à voftre enfance?

Avez-vous jamais oüy dire, Monfieur,
que les lieux ayent une prefence; dit-on

la presence de ces lieux? & la presence ne
s'attache t'elle pas aux personnes seulement?
on dit la presence d'un homme en un lieu,
& non pas la presence d'un lieu à un
homme; & je soûtiens que cette ex-
preslion ne peut estre receuë. Aprés que
Hippolyte a laissé deviner à ce Confident,
que c'est l'amour qu'il a pour Aricie qui l'en-
chasse: Il pretexte ce voyage d'un desir de
gloire, & de l'envie de chercher son pere:
Il dit qu'il n'a rien fait encore de grand, &
pour son coup d'essay, fait une grande
incongruité, car au lieu de dire, *jusqu'à ce*
jour, ou jusqu'à aujourdhuy, il dit, *jus-*
qu'aujourdhuy, maniere de parler impro-
pre, deffectueuse, & qui ne se peut souffrir. Teramene qui dans toute la Piece pas-
se pour un fort honneste homme, & qui
a esté le Gouverneur d'Hippolyte, dément
lâchement icy son caractere; car au lieu de
confirmer ce Prince dans les scrupules que
sa vertu luy donne sur l'amour d'Aricie;
il l'exhorte à aimer cette ennemie de sa
maison, il luy persuade de desobeïr à son
pere, & d'essayer les douceurs qu'un amour
criminel peut faire goûter; & loin de luy
faire entendre, que nous pouvons aisé-
ment resister à cette passion; il attribuë
tout au pouvoir de ce Dieu chimerique,
& comme une simple femme qui cher-

che dans la fatalité des pretextes à fa foi-
bleffe ; il luy infpire des Maximes capables
de faire naiftre & d'entretenir les plus
grands crimes , & par une penfée triviale ,
il luy dit ; *vous-mefme où feriez-vous, fi*
Antiope n'avoit aymé Thefée ? quelle conduite , de faire parler un homme d'un fi
grand poids comme une fimple Harangere ;
un homme Sage porte-t'il un jeune cœur
à un amour criminel ; un Gouverneur ex-
horte-t'il un Prince à la revolte ; & la defo-
beïffance , & le vice , font-ce les maximes
& les leçons qu'on doit donner à un jeune
Monarque ? Ce Teramene fait enfuite fouvenir Hyppolite , qu'il faut aller prendre
congé de Phedre ; & luy comme un en-
fant bien né , reconnoift que cette vifite
eft de fon devoir , fe refout de la faire.

SCENE II.

Mais fur le general & fimple rapport ,
qu'Henone leur vient faire du chagrin de
la Reyne , qui ne peut fouffrir perfonne :
Hippolyte fe retire froidement , fans dire
mefme à Henone qu'il vouloit prendre
congé de la Reyne pour un grand voyage ,
fans qu'on fçache s'il remet fa vifite à une
autre fois ; quoy que le rang de Fils de
Roy , & l'inconftante humeur de Phedre ,

qui tantoſt veut voir du monde, & tantoſt
ne peut ſouffrir perſonne, deuſſent bien au
moins faire civilement donner avis à la
Reyne de ce deſſein : C'eſt manquer de
civilité : C'eſt choquer les Regles de la
bien-ſeance : C'eſt ignorer l'uſage de la
Cour, qui ne veut pas, que des ordres
generaux, comme celuy-là, ſoient donnés
pour le fils du Roy : C'eſt pecher contre
le bon ſens, qui veut qu'en pareille rencontre, une perſonne chargée d'un ordre
ſi general, ne l'annonce point à un Prince du Sang ſans une exception civile, &
ſans luy demander, s'il veut qu'on aille a-
vertir la Reyne de ſon deſſein : Car enfin
un homme comme Hippolyte, devoit du
moins prier Henone, de dire à la Reyne
qu'il eſtoit venu pour luy dire Adieu : De
bonne foy, je ne croy pas que Monſieur
Racine eût commis cette faute, ſi ſon
eſprit appliqué tout entier à embellir la
Scene qui ſuit, eût pû faire un petit retour ſur cette action incivile.

SCENE III.

Cette languiſſante converſation de Phedre, & d'Henone, eſt priſe toute entiere
& mot pour mot d'Euripide ; mais elle
n'en eſt pas moins belle ; & j'eſtimerois

autant cette traduction, qu'une chose inventée, si elle n'estoit point ennuyeuse,
& si on en avoit retranché.

Les Ombres par trois fois ont obscurcy les Cieux,
Depuis que le sommeil n'est entré dans vos yeux,
Et le jour a trois fois chassé la nuit obscure,
Depuis que vostre corps languit sans nourriture.

Ces Vers sentent plus le Phœbus de Col-
lege, que l'Appollon de Cour. Il y a long-
temps qu'on a tourné ces expressions en
ridicules dans nostre Langue, & jamais
une personne raisonnable n'a dit, *que le
sommeil entrast dans les yeux :* Car enfin
les vapeurs humides qui empêchent & sus-
pendent le mouvement que la chaleur naturelle veut faire au dehors, ne font autre chose que le sommeil. Ces vapeurs
n'entrent point par les yeux, ne viennent
point du dehors ; mais humectent seulement
le cerveau & se répandent interieurement
sur nos sens. Et quand on ne prendroit
point le sommeil sous une idée si exacte &
si reserrée, qu'on voudroit poëtiquement
le faire passer pour un Dieu, les Poëtes
n'ont jamais dit, que ce Dieu entrast dans
la veuë, ny qu'il vous jettast quelque chose aux yeux qu'on pût appeller sommeil ;
mais bien qu'il versoit son doux poison dans
nous-mesme, qu'il répandoit certaine vertu dans

ru dans nos fens , & ce n'eft pas parler jufte que de dire le fommeil entre dans les
yeux : Je trouve auffi que noftre Poëte
manque de jugement , lorfque fuppofant
une défenfe expreffe de la Reyne, de nom-
mer Hippolyte en fa prefence , comme elle
le dit elle-mefme dans la quatriéme Scene
du Second Acte par ces Vers.

J'ay mefme défendu par une expreffe Loy,
Qu'on ofât prononcer voftre nom devant moy.

Henone la priant icy de fe conferver
pour défendre fes enfans du fils de l'étran-
gere, elle nomme de fens froid Hippolyte,
elle qui vieillie à la Cour, devoit eftre fort
circonfpecte, elle qui faifant paroiftre beaucoup d'efprit , ne devoit pas commettre
une faute fi lourde , elle enfin qui eftant
toûjours auprés des perfonnes Royales,
ne devoit pas ignorer des défences fi ex-
preffes , ny enfraindre cette Loy fans ne-
ceffité , ou du moins fans quelque excufe
legitime. Euripide dont noftre Poëte a traduit tous les beaux paffages qu'on admire
dans cette Scene , ne tombe point dans
cette faute , il ne fuppofe pas que Phedre
ait déja fait cette défenfe , & ne luy fait
dicter cette loy , que dans le moment où
la Nourrice prononce ce nom fi terrible
pour la Reine ; & il me femble qu'Henone

C

arrache avec trop d'indiscretion & d'emportement, le secret de sa Maîtresse, &
l'aveu de son horrible passion. C'est alors
que Phedre fait l'enorme détail de tous les
mouvemens de sa tendresse criminelle, &
de tous les efforts qu'elle a tentés pour se
guerir ; *d'un incurable amour, remedes im-
puissans,* dit-elle, voila un epitete bien
ulcerée, *incurable* est d'un trop bas étage,
pour l'associer à l'Amour, il faut le ren-
voyer à l'Hôpital, ou dans la boutique des
Chirurgiens.

Et si dans ces Vers detestables
Malgré les plus fortes raisons
On met l'Amour aux Incurables,
Les Poëtes logeront aux Petites-Maisons.

S C E N E I V.

La mort de Thesée, que Panope vient
annoncer, n'est ny judicieusement prepa-
rée, ny solidement établie, on a des
nouvelles plus autentiques & plus certaines de la perte d'un si grand Heros ; &
quand on en reçoit de si confuses, on ne les
écoute qu'à peine, & l'on n'y donne aucune foy ; ce n'est pas que si Phedre estoit
la seule qui donnât créance à cette nouvelle, l'ardeur avec laquelle son amour la
souhaiteroit, ne peut en quelque façon

faire excufer cette credulité ; mais que fur des bruits confus, Henone, qui fait des leçons de politique à Phedre ; Hippolyte, qui n'a pas efté nourry dans les erreurs du vulgaire, tout le confeil, qui devroit plûtoft empêcher le cours d'une nouvelle fi dangereufe, que la croire, reçoivent tout d'un commun confentement, une chofe fi peu prouvée ; c'eft ce qu'on a peine à s'imaginer, & ce qui n'eft en aucune façon raifonnable. Seneque, qui s'eft fervy de ce veüvage pretendu, pour couvrir un peu l'enormité de fa paffion, traite cét endroit avec bien plus de conduite ; il paffe pour conftant dans toute fa piece, & chez la plufpart des Anciens, que Thefée eftoit defcendu aux Enfers, d'où peu de Heros font fortis ; on ne vient point apporter fubitement cette nouvelle, elle paffe pour averée par tout ; & comme on en parle en divers endroits de la Piece, elle s'infinuë doucement dans les efprits, & n'y trouve point les objections qu'on peut faire avec juftice à noftre moderne.

SCENE V.

Henone, aprés avoir d'un grand jugement interrompu & fait fortir Panope, change de fentiment fur l'horrible paffion de Phedre, selon le changement des affaires, & luy dit d'une grande tranquilité & d'un profond raisonnement :

Vivés , vous n'avés plus de reproche à vous faire,
Vostre flâme devient une flâme ordinaire,
Et Thesée en mourant vient de rompre les nœuds
Qui faisoient tout le crime & l'horreur de vos feux.

Juste Ciel ! peut-on avoir écrit ces Vers ? une femme qui a conceu de l'amour pour son beau-fils , *n'a donc plus de reproches à se faire ;* parce qu'on dit que son mary vient de mourir ; il faut que nostre Autheur ait de grands secrets pour rendre les consciences tranquilles au milieu des crimes ; quelle honte, d'appeller cét amour, *une flâme ordinaire,* cette passion est-elle moins un inceste après la mort de son mary ? peut-on dire qu'elle n'a pas esté femme de Thesée ? & Hippolyte devient-il le fils de quelqu'autre ? *une flâme ordinaire.* Quoy donc, brûler pour son beau-fils pendant la vie & aprés la mort de son mary , est un amour approuvé par les loix & receu de tout le monde ; en verité cela fait horreur ; & quand nostre Autheur auroit pretendu que la coûtume permettoit à Phedre d'épouser Hippolyte ; (ce qu'il ne peut nous faire voir) quand il diroit que c'est une vicieuse qui debite ses coupables maximes,

il devoit nous en prevenir par quelques
Vers, & ne pas faire doucement glisser
ces horreurs dans nos esprits sous le nom
d'une flâme ordinaire, dont on peut brûler
legitimement, & dans la tranquilité d'une
conscience pure, il est trop dangereux de
debiter de méchantes maximes, sans faire
connoistre ce qu'elles ont de mauvais ; &
l'on ne peut avoir trop de circonspection
pour ces sortes de choses.

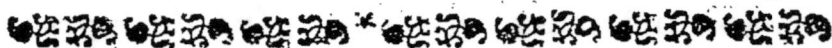

ACTE SECOND.

SCENE PREMIERE.

AU commencement du second Acte,
la Confidente d'Aricie vient luy confirmer la mort de Thesée sur un simple oüy-
dire, & Aricie luy declare avec trop peu
de façon l'amour qu'elle sent pour Hippo-
lite ; le beau Sexe parle avec un peu plus
de reserve d'une passion naissante ; la pu-
deur d'une jeune Princesse n'est pas si-tost
ny si facilement vaincuë, il faut donner à
nos Belles des portraits plus honnestes &
plus ressemblants ; & quand nos Poëtes
par une licence peu tolerable, ont fait dire
j'ayme à des personnes, qui selon leur ve-
ritable caractere, n'auroient jamais pro-

feré ce grand mot, ils ne leur ont fait prononcer cette parole, qu'avec toute la violence imaginable, & toutes les precautions
poſſibles.

SCENE II.

Hippolyte vient auſſi annoncer à Aricie
que ſon pere eſt mort, & qu'elle eſt en
pleine liberté, & luy dit ce Vers :

Je revoque des loix dont j'ay plaint la rigueur.

De bonne foy, ce n'eſt pas là parler
François, on ſe plaint de la rigueur d'une
loy, & l'on ne plaint point ſa rigueur ; ou
bien ſi plaindre ſe prend pour avoir pitié,
on plaint les hommes ſoûmis à des loix ri-
goureuſes, mais on n'a point pitié de la rigueur de ces meſmes loix, & cette rigueur
donne plûtoſt de la haine & de l'horreur,
que de la pitié ; enſuite ce Galant fait à ſa
Maiſtreſſe la groſſiere declaration d'une
tendreſſe mutuelle, & dit à la verité quelque choſe de fort galant & de fort bien é-
crit, pour excuſer la rudeſſe de ſes expreſſions champêtres.

SCENE III.

Teramene vient interrompre cette ten-

dre converfation, pour avertir Hippolyte
que la Reine vient le trouver ; mais en
quél lieu, c'eft ce que je ne puis vous dire,
Monfieur, & dont l'Autheur n'a pas voulu
nous éclaircir, on réve en vain fur ce fujet, on ne peut deviner où eft le Scene;
Hippolyte ayant luy-mefme oublié où il
eft, & le rang de la perfonne qui le vient
chercher, l'attend auffi tranquillement qu'il
auroit attendu un valet, & ne fait pas la
moindre démarche pour aller au devant d'u-
ne Reine fa belle-mere. Je vous laiffe à
penfer fi cette incivilité eft pardonnable.

SCENE IV.

Phedre conjure Hippolyte de vouloir
fervir de pere à fon fils, quoy qu'il n'y ait
guere de fondement de le pretendre, ou de
l'efperer, & tombe affez delicatement fur
la declaration de fa tendreffe criminelle, à
l'imitation de Seneque, dont noftre Autheur a traduit encore cette Scene, qui feroit affurément une des plus belles du Theatre, fi elle n'eftoit foüillée par le crime de-
teftable qu'elle étalle avec tant d'art à nos
yeux, & par les infames idées d'incefte
qu'elle nous renouvelle à chaque Vers, &
fi elle n'eftoit enfin gâtée par l'épée que
Phedre tire du cofté d'Hippolyte, pour fe

tuer de honte & de defefpoir , de brûler
d'une flâme , qu'elle reconnoift bien elle-
mefme en cét endroit n'eftre pas une *flâme
ordinaire*. Cette épée tirée eft un incident
à faire pitié, qui n'a ny fondement , ny
vray-femblance ; car fi Monfieur Racine a
eu quelque fujet d'expofer à nos yeux cette
violente action , c'eft affurément pour donner un beau jeu à fa Piece , & pour fervir
de preuve contre Hippolyte , à qui on veut
dans la fuite fuppofer un crime ; & cette
épée reftée entre les mains de Phedre, loin
d'eftre une conviction de la violence qu'on
impute à ce Prince , ne peut pas mefme rai-
fonnablement infpirer un foupçon femblable ; embaraffe-t'on fes mains d'une épée
quand on veut violer une femme ? eft-ce
avec ces armes qu'on execute un pareil deffein ? peut-on concevoir feulement l'idée
d'une femblable violence contre une Reine
qui n'eft jamais fans fuite , qui a toûjours
quelques filles auprés d'elle , qui eft dans
un Palais entouré de Gardes , & principa-
lement en plein jour , où le concours de
mille gens differents empêchent un fi extravagant deffein ? Il n'eft pas vray-femblable
non plus qu'Hippolyte demeure comme une
fouche aprés qu'on luy a pris fon épée , & fi
l'on peut luy pardonner de s'eftre laiffé defarmer dans la furprife d'une declaration fi

horrible ; la vray-semblance & le sens commun veulent que cette stupidité se dissipe ,
au moins quand il se voit desarmé , & qu'il
fasse quelque effort pour retirer son épée
des mains de ces femmes , qui s'en pouvoient servir de tant de dangereuses façons;
les gens d'épée sçavent quel mouvement
on sent quand on est desarmé , & s'il est
possible qu'on laisse tranquilement empor-
ter son épée , quelque surprise dont on soit
frappé : mais quoy , ces femmes en ont besoin , il faut leur laisser, c'est dequoy faire
une belle intrigue ; & quand on cherche des
Jeux de Theatre , il ne faut pas estre si critique, ny si reservé.

Cet incident ne peut manquer d'estre approuvé,
C'est une invention digne d'estre admirée;
Et si l'anneau Royal sembloit si bien trouvé,
L'épée est à mon sens encore mieux rencontrée.

Cependant, Seneque, qui a mis les armes à la main de nostre Autheur , ne luy
avoit pas données pour en faire un si méchant usage ; il sçavoit bien que quand la
raison ne conduit pas une main armée , on
n'en doit attendre que de tres-dangereux
effets ; mais ce Poëte de l'antiquité s'en
estoit trop bien servy, pour croire qu'on en
dût user si mal ; il feint qu'Hippolyte
voyant que Phedre en le voulant retenir,

avoit touché fon épée, la jette avec mé-
pris, difant, *qu'un fer touché d'une main fi*
impure, n'eſt pas digne d'eſtre au coſté d'un
homme fi chaſte : Et la Nourriſſe voyant cela, & l'ayant fait remarquer à quelques
Atheniens, elle joint cette foible preuve à
d'autres, qui eſtant plus convainquantes,
la rendent auſſi plus tolerable.

SCENE V.

Teramene arrive quelques momens a-
prés que Monſieur Racine a fait defarmer
ſon Heros par une femme ; & voyant Phedre pâmée & entraînée par Henone, Hippolyte dans le defordre & fans épée, il
fait d'abord paroiſtre dans deux Vers feulement, la furprife que peut caufer une
femblable rencontre, & puis fortant tout
d'un coup du naturel & du vrayfemblable,
oubliant fa furprife extréme, & tout ce qui
eſt devant fes yeux, il dit à fon Maiſtre
que tout eſt preſt pour le départ. En verité, c'eſt fortir de fa route avec trop peu
de jugement, & ce Confident trop difcret
pouvoit fans perdre le refpect, témoigner
plus de curiofité pour ce qu'il voyoit,
avec d'autant plus de zele & de fondement,
qu'Hippolyte avoit déja commencé à luy
en découvrir quelque chofe, & que la pru-

dente resolution qu'il fait d'ensevelir cette horrible declaration dans l'oubly, est un *aparte* dont Teramene est sensé ne rien entendre.

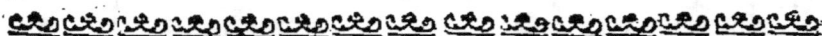

ACTE TROISIEME.

SCENE PREMIERE.

PHEDRE se plaint, se desespere avec Henone, du mauvais succez de son horrible declaration; ensuite l'esperance si ordinaire aux Amans les plus mal-traités, vient un peu la soulager, & nostre Poëte a encore pris des pensées de Seneque dans cette Scene, comme celle-cy, dont je me souviens entre les autres.

Henone. Il a pour tout le sexe une haine fatale.
Phedre. Je ne me verray point preferer de rivale.

Et l'offre du Thrône qu'Henone luy va faire de la part de Phedre.

SCENE II.

Pendant l'ambassade d'Henone, Phedre fait un monologue qui commence par ce méchant Vers,

O toy qui voy la honte où je suis descendue.

Cette expression ne s'est jamais dite, &
ne se peut souffrir ; qui a jamais entendu
qu'on descendît dans la honte comme dans
une cave? *descendre dans la honte*, juste Ciel;
la honte devroit monter sur le visage de
nostre Autheur, d'avoir fait descendre
Phedre dans la honte ; car enfin on ne peut
prendre cette honte, que pour l'action hon-
teuse ou pour la confusion qu'on reçoit de
cette action, & l'on ne peut appliquer le
mot de *descendre* à pas une de ces deux façons ; mais passons.

SCENE III.

Cette Confidente revient sur ses pas,
dire que Thesée est arrivé, ce qui surprend
Phedre à bon titre, & qui doit étonner
tout le monde : Car comment se peut-on
figurer qu'un Heros qui a répandu son nom
par tout l'Univers, & qui ne peut estre si
long-temps caché sur la terre, que par la
mort, comme dit son fils, qui peut, dis-je,
se persuader qu'un si grand Roy soit seulement éloigné de deux journées de Tresene (comme il peut estre tout au plus dés
le commencement de la piece, puis qu'elle
ne doit durer que vingt-quatre heures) &
que tout le monde le croye mort, que personne ne connoisse rien de sa marche, qu'il

ait traversé tout le Pays qui sepate l'Epire
de Tresene, sans qu'aucun homme en ait
eu la connoissance, ny dit des nouvelles à
ceux qu'on avoit envoyés pour le chercher, & qu'il vienne enfin jusques dans le
Palais, sans qu'on entende parler de son
voyage, que quand il est arrivé. Quoy
que Monsieur Pradon ait fait de ce Thesée
un Chevalier un peu trop errant, il a mieux
pretexté cette arrivée impreveuë; & si
dans le long recit que Thesée fait de son
voyage à son fils il y a quantité de choses
qui ne sont pas du bon goût, au moins y
en a-t'il quelqu'une qui pallie un peu ce
retour inopiné; mais enfin il faut croire,
puisque Monsieur Racine l'a fait ainsi, qu'il
ne se devoit pas faire autrement. Cét incident est de ces grands coups de Maistre,
qui surpassent la commune portée; il est
beau de pousser quelquefois ses saillies au
de-là du jugement des hommes; cela cause
une belle surprise à Phedre, & luy fait dire
de belles choses, si elle les expliquoit un
peu davantage; par exemple elle dit à Henone, *Je te l'avois predit, mais tu n'as pas
voulu.* Ce n'est pas assez s'expliquer, il
falloit dire, *Tu n'as pas voulu me croire, tu
n'as pas voulu laisser agir mon desespoir,* ou
quelque chose de semblable; & je ne puis
souffrir qu'elle dise ensuite, *je meurs des-*

honorée: Que ce terme eſt bas, qu'il eſt
rampant, qu'il donne une vilaine idée ; une
Payſane dont les Soldats auroient violé la
fille, s'écrieroit d'un langage ruſtique, *ma
fille eſt des-honorée*; mais une Reine ne s'ex-
primeroit jamais ainſi ; non plus que le mot
de *depoſer*, qu'Henone dit, qui ſent un
peu trop les informations d'un Commiſſaire
du Chaſtelet : & le deſſein que cette Confidente prend de rejetter ſur Hippolyte le
crime de Phedre, n'eſt pas digeré avec aſſez
de loiſir & de prudence.

SCENE IV.

Enfin Theſée arrive le plus bourgeoiſe-
ment du monde, aborde ſa femme avec un
compliment tres-froid, qui le repouſſe avec
beaucoup d'art en s'enfuyant.

SCENE V.

Il n'a pss une meilleure reception de ſon
fils, & ce Heros qui revient d'un grand
voyage chez luy ſans faire plus de bruit
qu'un Bourgeois qui reviendroit d'Auteüil,
eſt ſi fort ſurpris de l'acceüil qu'on luy fait,
qu'il oublie une partie des termes qui de-
vroient eſtre dans ſes expreſſions, & dit,

D'un perfide ennemy j'ay purgé la Nature,
A fes Monftres luy-mefme a fervy de pâture.

Car enfin quoy qu'on entende bien ce
que cela veut dire ; il y a un *il* fupprimé,
qui devroit y eftre, on doit dire, *il a luy*
mefme fervy de pâture à fes Monftres, ou
bien,

L'ennemy dont mon bras a purgé la Nature,
A fes Monftres luy-mefme a fervy de pâture.

Ce Heros aprés plufieurs queftions dont
fon fils ne luy donne point d'éclairciffement,
va trouver fa femme pour l'inftruire.

SCENE VI.

Hippolyte qui eft un jeune homme peu
clairvoyant, ne peut avec toutes fes refle-
xions penetrer les coupables deffeins de fes
ennemis, & quoy que de noirs préfenti-
mens viennent l'épouvanter, il demeure
fort tranquille, & fort paifible dans la penfée que *l'innocence enfin n'a rien à redouter.*

❧❧❧ ❧❧❧ ❧❧❧ ❧❧❧ ❧❧❧ ❦❦ ❧❧❧ ❦❦ ❧❧❧ ❧❧❧ ❧❧❧ ❧❧❧ ❧❧❧

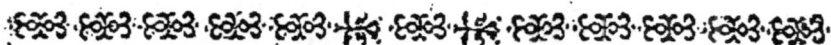

ACTE QUATRIE'ME.

SCENE PREMIERE.

NOus voicy donc au procez mal inftruit d'Hippolyte, fauffement accufé, qui pourroit fervir de condamnation contre la credulité du trop facile Thefée, ou plûtoft contre l'Auteur qui a conduit cette action avec fi peu de jugement & de vray-femblance. Henone accufe Hippolyte affez foiblement, ne fait paroiftre aucuns témoins de ce crime, quoy qu'on fuppofe qu'il fe foit paffé en plein jour dans le Palais toûjours remply d'une foule de Courtifans, & d'une trouppe de Gardes, fans que le bruit que Phedre & Henone auroient dû faire, en ait attiré pas un, fans qu'ils ayent imploré le fecours de perfonne contre un furieux, qui les armes à la main menaçoit la vie & l'honneur de la Reyne; enfin fans qu'il y ait eu aucune fille autour de la Reyne, & dans les appartemens les plus proches, qui puiffe dire avoir entendu le moindre bruit. L'épée d'Hipolyte eft la feule preuve qu'on produit contre luy, & je laiffe à juger, fi c'eft une conviction fuffifante, fi un homme n'a qu'une épée, fi l'on ne peut pas avoir pris celle-

là

là chez luy, pendant qu'il en portoit une autre : Si l'épée d'un Prince trouvée dans l'appartement d'une Reyne, est une marque certaine qu'il l'a voulu forcer.

J'ay veu lever le bras, j'ay couru la sauver ;
Moy seule à vostre amour, j'ay sçeu la conserver.

dit Henone : Le specieux mensonge à mettre en avant ; la belle proposition à soûtenir. Un Heros qui triompheroit de la fureur des Monstres les plus redoutables, se laisse vaincre par une foible femme. Un furieux que l'amour & la colere animent, est désarmé, & mis en fuite par une seule suivante. A quoy pensoit-il ? quand il s'est laissé surprendre ? que faisoit-il ? quand on luy a arraché son épée ? à quoy ses mains estoient-elles occupées ? quand on l'a desarmé ? En verité on n'oseroit approfondir pas une de ces circonstances, & l'on ne peut mesme honnêtement examiner cette action.

Ajoûtés à cela que la grandeur de ce crime le devoit rendre plus difficile à croire, que plus il avoit d'enormité, plus on devoit l'examiner. Je ne trouve pas mesme que le peu d'interrogations que Thesée fait à Henone sur ce sujet, soient les plus necessaires, & les plus essentielles ; le stile & le caractere de ces questions estant trop familier pour un grand Heros & pour la matiere.

D

dont il s'agit , & tout ce que je trouve de plus prudent dans cette Scene, eſt la prompte retraite d'Henone, quoy qu'on n'échape pas ſi facilement des mains d'un Roy qui nous interroge ſur une affaire de cette importance.

Euripide & Seneque, comme nous avons déja remarqué , ont bien plus raiſonnablement étably cette fauſſe accuſation, l'un donne pour témoins une foule de domeſtiques & d'Atheniens; l'autre fait parler le deſeſpoir d'une Reyne qui ſe pend pour avoir eſté outragée, & ſon teſtament de mort qui accuſe Hippolyte de cét outrage, & Monſieur Pradon faiſant que Theſée naturellement ſoupçonneux, prevenu par un Oracle, trompé par des ſoûpirs mal expliquez, trouve Hippolyte à genoux, baiſant la main de Phedre, a , quoy que foiblement, un peu mieux fondé la créance de ce pere jaloux.

SCENE II.

Cependant , Theſée, dans la Piece que nous examinons , auſſi perſuadé de ce crime ſuppoſé, que s'il s'eſtoit commis à ſes yeux, s'amuſe à faire des exclamations ſur ſon enormité, au lieu d'aller chercher auprés de Phedre ou d'Henone, des preuves plus ſolides de cette affreuse accusation.

SCENE III.

Ce pere aveugle voyant venir Hippolyte,
dit, dans le plus fort de sa colere, ce Vers
ridicule, & Gaulois.

Mais le voicy Grands Dieux à ce chaste maintien.

Et le Parterre d'une commune voix fait le
second Vers en raillant, & dit d'un stile
Burlesque.

Ne le prendroit-on pas pour un homme de bien ?

Mais, non Monsieur, nostre Autheur a
corrigé ce vers dans les dernieres representations, & au lieu de chaste, (comme toute
sa Piece, quoy que tres-impure est pleine de
chasteté) il a mis noble, & a toûjours laissé
ce maintien qui devoit estre changé plustost
que l'autre : Il a encore traduit d'Euripide
la pluspart des pensées de cette Scene où
Hippolyte se défend fort bien d'un crime
dont on l'accuse fort mal, & luy, dit, avec
beaucoup d'eloquence ; *qu'on ne va point
tout d'un coup à un si grand crime, que la pureté de sa vie passée l'éloigne assez de cette a-
ction :* Raisonnement qui devroit seul dé-
sabuser Thesée, s'il luy estoit resté quelque
ombre de raison, sans qu'il fut besoin que

D ij

Hippolyte adjoûtaft que *Phedre eft d'un fang plus accoûtumé que le fien à ces fortes de crimes*, & reprochât indifcretement à fon pere les horreurs dont la mere de fa femme fut capable : Car outre que c'eft une tres-fale idée, & qu'on ne peut concevoir fans fremir, c'eft manquer de refpect & de raifon, de parler mal d'une Famille d'où fon pere a tiré ce qu'il aime le plus tendrement.

Hippolyte continuant à fe juftifier, dit, *qu'il a pouffé la Vertu jufqu'à la rudeffe*; & comme Thefée luy objecte, *que l'amour qu'il avoit pour Phedre luy donnoit cette fierté pour toutes les autres femmes*; il fe dedit de ce qu'il a avancé, & dit *qu'il brûle depuis fix mois pour Aricie*. Thefée, qui fans aucun fondement croit tout ce qu'on luy veut perfuader, reproche à ce malheureux fils d'avoir joint l'incefte à la revolte, & convaincu de fa defobeyffance & de fa tendreffe pour Aricie; il le croit obftinément coupable de cét incefte fuppofé, & d'un violent amour pour Phedre; comme fi on pouvoit aymer deux perfonnes en mefme temps; & fi Thefée ne fçavoit pas par fa propre experience, que le plus vafte cœur ne peut pouffer fon inconftance qu'à changer fouvent d'objet, & non pas à brûler pour deux dans un mefme moment.

Je vous diray icy en passant, Monsieur, que je ne pense pas que vous approuviez Monsieur Racine, d'avoir souillé l'innocence d'Hippolyte, que tant de siecles, & d'Autheurs ont respectée, & de l'avoir par cette tendresse criminelle rendu capable d'une revolte si ingrate à l'égard de son pere, & si dangereuse pour luy. L'Autheur pouvoit luy faire aimer Aricie sans crime, comme a fait Monsieur Pradon : C'est choquer avec trop de licence la haute idée qu'on a toûjours eu de la Vertu de ce Heros : C'est aller directement contre un caractere étably de tout temps, & receu de toute Nation : C'est vouloir faire passer (pardonnez moy cette comparaison) un Joseph pour un Absalon ; & c'est enfin commettre une faute sans besoin & sans utilité ; puisque ce crime de l'Autheur ne fait aucun beau jeu dans sa Piece, ne peut rendre la mort d'Hippolyte moins injuste, ny oster l'indignation contre ceux qui causent son trépas, personne ne s'imaginant que ce soit ce coupable amour que l'injustice des Dieux & l'aveuglement de son pere punissent en luy, & l'Autheur mesme ne nous en ayant pas donné la moindre idée dans ses Vers.

Enfin, Thesée persistant toûjours dans une erreur si grossiere, donne sa malediction à son fils, & fait à Neptune une priere auffi injuste que mal digerée, il dit,

Dans les longues rigueurs d'une prifon cruelle,
Je n'ay point imploré ta puiffance immortelle,
Avare du fecours que m'ont promis tes foins,
Je t'ay voulu garder pour de plus grands befoins.

En verité Thefée montre bien par cét extravagant difcours, qu'il a perdu toute forte de bon fens : *dans les rigueurs d'une prifon, où il eftoit expofé aux fureurs d'un Tyran*, qui étalloit continuellement à fes yeux les morts les plus effroyables, fans avoir aucunes armes pour fe défendre, où il ne devoit rien attendre de fa valeur, où il ne pouvoit efperer aucun fecours des hommes, il n'implore point les Dieux ; en une occafion où il s'agiffoit de fa perte evidente, *il eft avare des foins de Neptune* ; & le grand befoin pour lequel il referve la faveur de ce Dieu, eft pour le fupplice d'un innocent ; comme fi la mort de fon fils eftoit une chofe plus difficile & plus importante, que de fortir de cette longue & cruelle prifon : ce fils, dis-je, qui ne fait aucune refiftance, & que le moindre homme pouvoit punir par fon ordre, & enfin, n'ayant point reclamé Neptune pour fon propre falut, & il l'implore pour la perte de fon fils. Monfieur Pradon a de bonne foy plus delicatement traité ce petit en-

droit, & la gloire de Thesée offencée, qui
est l'ouvrage des Dieux, & où il interesse
Neptune son pere, est un pretexte plus raisonnable de le faire souvenir de sa pro-
messe.

SCENE IV.

Comme Hippolyte sort, emportant sur
sa teste la malediction de son pere, ce Thesée fait un retour de tendresse inutile : Il
aime assez son fils pour soûpirer de sa perte
dans sa plus grande fureur, & ne l'aime pas
assez pour recevoir ses justifications dans
un crime si peu vray-semblable, ou du
moins pour éclaircir un peu davantage cét
obscur mystere.

SCENE V.

Phedre vient trouver Thesée, pour le
prier en faveur d'Hippolyte ; mais par un
détour fort adroit de nostre Autheur, ce
Roy luy remet la rage & la fureur dans l'a-
me, en luy apprenant qu'Aricie est sa rivale.

SCENE VI.

Thesée sort, & donne le temps à Phedre
de pousser des regrets pleins de rage & d'e-

loquence, si vous en exceptez ce Vers.

　Devant ses yeux cruels une autre a trouvé grace.

　Car je trouve que cette expression est de l'ancien Testament, peu agreable, peu connuë en nostre langue, & qui ne signifie pas assez, quoy que Monsieur Racine s'en soit déja servy dans le *Bajazet*, si je ne me trompe.

　Phedre fait encore une reflexion fort belle, quand il dit, *que ces deux Amans couloient tous leurs jours dans les plaisirs, pendant qu'elle ne pouvoit pas même goûter la douceur de pleurer ses ennuis :* Mais je ne puis souffrir qu'elle dise

　La mort est le seul Dieu que j'osois implorer.

　Car je n'ay jamais oüy dire que la mort fût un Dieu : J'ay bien veu des Parques chez les Anciens ; mais je croy que Monsieur Racine est le seul Poëte qui ait fait un Dieu de la mort : Et s'il vouloit se donner la licence de diviniser ses imaginations, il devoit au moins, pour conserver le genre, en changeant l'espece, faire une Déesse de la Mort.

　Aprés que cette Amante desesperée a fait une belle application de la Fable qui feint Minos son pere, Juge des Enfers, elle dit une chose qui est contre le jugement, ou contre la memoire dans ce Vers.

Et des crimes, peut-eftre, inconnus aux Enfers.

Car elle devoit fe fouvenir qu'il y avoit en bien d'autres inceftes avant le fien, puifque tout ce que la Fable nous apprend aujourd'huy eftoit dans ce temps des Maximes de fa Religion, qui luy devoient eftre connuës : Nous voyons dans ce temps que les Cronologiftes appellent fabuleux que *Biblis* avoit brûlé pour fon frere, & s'eftoit étranglée de dépit de n'eftre pas aimée, fi nous en croyons Ovide dans fon Art d'aimer. *Canace* avoit conceu des ardeurs inceftueufes pour Macarée : Adonis fut le fruit de l'infame amour dont *Myrrha* fut éprife pour fon pere : Et dans le dixiéme livre des Metamorphofes, Ovide dit que ce fut l'Enfer qui fit naiftre cette paffion. Phedre ne pouvoit ignorer ces exemples ; ces Hiftoires faifoient partie des Articles de la Religion des Anciens. Ainfi quand nôtre Autheur a dit, *que l'incefte & l'impofture eftoient des crimes inconnus aux Enfers,* il a donné des bornes trop étroites à la connoiffance de leurs fombres habitans, & n'a pas affez confulté ou les Poëtes, o fa memoire.

E

SCENE. VII.

Henone vient trouver Phedre, & loin de luy donner des confolations folides, des confeils falutaires, ou une tendre compaffion à fes malheurs, elle luy fait une vaine amplification du pouvoir de l'Amour, & ce difcours fait à contre-temps, eft lardé du plus méchant Vers qu'on puiffe jamais imaginer : Le voicy

Les Dieux mefme, les Dieux de l'Olympe habitans.

Quelle cheville, bon Dieu ! Quoy cette expreffion, qui ne fe fouffriroit pas dans la pouffiere des Claffes, eft expofée impunément fur noftre Theatre ? En verité fi ce Vers eft admis, il n'y a point de Pedant qui ne puiffe hardiment faire des Vers François ; mais paffons. Phedre chaffe cette méchante confeillere, en faifant une reflexion morale fur les flateurs de Cour, qui feroit belle, quoy qu'affez commune, fi elle eftoit placée autre-part : Mais il n'eft guere croyable qu'une femme, dans les tranfports que donnent le defefpoir & la jaloufie qu'elle vient de faire éclater, reprenne tout d'un coup affez de fens froid pour prononcer fes judicieufes fentences,

qui ne peuvent eftre que l'effet du raifon-
nement le plus tranquille. C'eft ainfi que
les Poëtes, de mefme que les Peintres, ont
quelquefois des défauts à force de beautés ;
& qu'on ne peut rien produire d'achevé,
fi le plus bel Art n'eft conduit par un jugement folide.

ACTE CINQUIEME.

SCENE PREMIERE.

HIPPOLYTE au commencement de
cét acte, ayant oublié la belle refo-
lution qu'il avoit faite dans le fecond Acte,
de ne parler jamais de l'execrable paffion
de Phedre, en vient faire une confidence
fans fujet & fans raifon à Aricie, qui felon toutes les apparences du monde, n'eft
pas fort propre à garder un fecret; il luy
donne fous le fceau de la confeffion, &
comme une grande marque d'amour, ce fecret, qu'il devoit enfevelir dans l'oubly,
il luy défend de parler de ce que luy-mê-
me ne fçauroit taire. Pour moy je ne puis
fouffrir cette confidence inutile & impru-
dente, non plus que le terme *d'Accufa-
trice*, dont fe fert Aricie, & qui n'eft fu-
portable que dans la chicane des plus

vieux procez. Monfieur Racine pouvoit auffi fe paffer, ce me femble, de leur faire dreffer leur contract de Mariage fur le Theatre, & c'eft entretenir fes Auditeurs de chofes baffes & triviales.

SCENE II.

L'arrivé de Thefée fait fuir Hippolyte ; Aricie pour juftifier fon Amant, découvre avec affez d'indifcretion, une partie de ce qu'Hippolyte luy a laiffé fous le fceau de la confeffion ; elle parle affez clairement à Thefée, pour juftifier fon fils, fi ce pere avoit le fens commun, mais il l'a perdu ; & l'air goguenard dont il demande à Aricie fi Hippolyte l'ayme, la maniere railleufe & baffe dont il luy dit ces méchans Vers :

Mais ne vous fiés pas à ce cœur inconftant ;
Car, à d'autres que vous, il en difoit autant.

Enfin, le ton joyeux & libre dont il luy dit ;

Madame, vous deviés le rendre moins volage,
Et ne pas endurer cét indigne partage.

nt affez voir que ce Heros ne fçait ce dit ; ne faut-il pas avoir perdu la rai- fo ur faire prononcer ces fadaifes à un homme plongé dans les plus grandes dou-

leurs ? Un Roy qui vient d'apprendre que
son fils a voulu attenter à sa femme, qui
sçait qu'il ayme son ennemie, qui n'attend
que l'heure qu'on luy annonce la mort de
ce fils, qui luy est cher ; parle-t'il de cette
maniere ? & cette froide raillerie est-elle
bien dans la bouche d'un Monarque acca-
blé de tant de mal-heurs ?

SCENE III.

Quand Aricie est sortie, Thesée commence, mais trop tard, à faire reflexion sur ce qu'on luy a dit ; & comme
les premieres demarches que fait un homme qui s'éveille sont encore de faux pas,
il fait une faute en sortant de sa letargie ;
dans le doute que son fils soit innocent,
dans l'assurance que Neptune doit remplir
ses vœux & punir ce miserable, au lieu de
demander d'abord son fils, il s'amuse à
perdre des paroles en l'air, & à faire chercher Henone, qu'on vient dire qui s'est
noyée.

SCENE V.

Enfin, quand il demande son fils, on luy
vient faire le recit de sa mort, qui est trop
long & trop affecté, il n'est pas vray-sem-

blable, qu'annonçant à un pere la mort de
son fils, on s'amuse à faire la description
des beaux chevaux qui l'ont tué, qu'on
frise jusqu'au moindre de leurs crins, qu'on
marque toutes leurs démarches, qu'on leur
fasse mesme de chagrin baisser la teste &
les oreilles, comme des rosses, & qu'on
fasse la peinture de leurs harnois, jusqu'à
leurs rénes flottantes. Et je pourrois dire
icy, que Monsieur Racine, en prodiguant
ses fleurs sur le tombeau d'Hippolyte, a
fait comme certain Peintre dont se moc-
que Horace dans son Art Poëtique, qui
sçachant mieux peindre des cyprés que
toute autre chose, en mettoit par tout sans
choix & sans discernement : de sorte qu'un
Marchand ayant perdu tout son bien sur la
mer, & s'adressant à luy pour avoir un
tableau de son naufrage; qui inspirant quelque pitié aux hommes, pût exciter leur li-
beralité en sa faveur; le Peintre peu judicieux, ayant tracé assez grossierement une
tempête, & un vaisseau submergé, dépei-
gnit avec grand soin, au milieu de cette
tempête, un cyprés d'une hauteur excessi-
ve, qui paroissoit ferme, tranquile, &
riant au milieu des airs agités, des flots en
courroux, & des vents les plus furieux;
ce qui excita de la risée, au lieu de pitié à
tous les Spectateurs, qui demandoient en

raillant, quelle pouvoit estre cette mer, où un cyprés n'étoit pas mesme agité par un orage qui faisoit perir les meilleurs vaisseaux : mais enfin, fans faire d'application, & fans vouloir ternir les fleurs & la verdure que noftre Peintre a placé au milieu d'un orage de tant de mal-heurs, contre toutes les regles de l'Art : il me femble que la nature mesme ne veut pas qu'un pere qui apprend la mort d'un fils fi chery, & qu'il commence à croire innocent, écoute toutes ces defcriptions inutiles avec tant de patience & de tranquilité ; ce n'eft pas qu'en quelque eftat que l'on foit, il y a toûjours plaifir d'entendre de belles chofes, & l'éloquence de noftre Autheur fe joüe fi agreablement dans ce recit, tiré de Philoftrate, d'Euripide & de Seneque ; que ceux qui ne s'attachent qu'aux belles & Poëtiques expreffions doivent eftre extrémement fatisfaits de celles-cy.

Cependant, fur le dos de la plaine liquide,
S'éleve à gros boüillons une montagne humide.

Les belles Phrafes Poëtiques, que les Ecoliers doivent trouver cela charmant, ces deux Vers meritent un prix dans la plus forte Rethorique, *le dos de la plaine liquide,* pour dire fur la mer ou fur l'eau, *une montagne qui s'éleve à gros boüillons,*

cela eſt nouveau ; mais enfin , l'epithete
d'*humide* à *montagne* , pour exprimer beaucoup de flots joints enſemble , eſt d'une
belle invention ; ce n'eſt pas qu'une montagne peut eſtre humide ſans eſtre d'eau,
comme on voit la terre humectée par la
pluye ; & que ſi cette montagne eſtoit
d'eau, ainſi que pretend noſtre Autheur,
on ne pourroit pas dire qu'elle fût humide,
(comme on ne peut pas dire raiſonnablement que de l'eau eſt moüillée) mais tout
cela ne fait rien, ces expreſſions ſont har-
dies , ces termes ſont pompeux, cela frap-
pe agreablement les oreilles , & ſurprend
les Auditeurs par ſa nouveauté.

Je ne ſçay , Monſieur, ſi vous trouverés
bon qu'on diſe , qu'un Prince a nourry ſes
chevaux de ſa propre main , & ſi vous paſ-
ſerez dans ce recit la fiction

D'un Dieu, qui d'aiguillons preſſoit leurs flancs
    poudreux.

Mais pour moy, je ne puis ſouffrir que
Monſieur Racine faſſe un Dieu Piquebœuf,
& un Prince Palfrenier.

SCENE VI.

Enfin, Phedre, qui eſt encore aſſez femme de bien pour ne vouloir pas laiſſer ge-
    mir

mir l'innocence affligée, vient faire sa confeffion generale à fon mary, devant lequel
elle ne devoit jamais paroiftre, luy declare
tout ce qui s'eft paffé, dit que fon fils eftoit
chafte, refpectueux, & qu'elle avoit pour
luy un amour *prophane inceftueux* : Voila
de grands epithetes, & en quantité ; &
cependant tous ces quatre finiffent deux
Vers, & l'arfenic fait juftement fon effet
lors qu'elle n'a plus rien à dire. Je croy
que fi Monfieur Racine n'avoit eu une
forte envie de faire paroiftre Phedre auffi
belle empoifonnée, que charmante empoi-
fonneufe, il auroit fupprimé cette Scene ;
car enfin elle eft inutile, mal inventée, &
defagreable ; & Monfieur Pradon a mieux
fait de ne faire qu'un recit de la mort de
cette criminelle, joint à celuy d'Hippolyte.

Cependant, Monfieur, je vous prie d'ê-
tre perfuadé, que malgré toutes les fautes
que je viens de remarquer, cette derniere
piece ne laiffe pas d'eftre belle. Je crois en
effet, que Monfieur Racine n'en a jamais
fait aucune, où il y ait tant de beautés &
tant de défauts qu'en celle-là ; & quoy
que j'aye avancé cy-deffus, j'avoüe de
bonne foy, qu'il y a dans cette Tragedie
plus de matiere d'admiration, que de fujet de critique ; le ftile en eft fort & ma-

jestueux, si vous en ostez les termes , *d'im-*
pur , *d'inceste* , *d'adultere* , *de chaste* , *d'A-*
cheron paternel & maternel , qui y sont
trop souvent repetés , & qui ne doivent
point entrer dans des Vers , où d'ailleurs
on admire tant de belles pensées.

C'est assés vous entretenir de cette Piece , passons à celle de Monsieur Pradon ,
qui ne meritant pas un si long examen , ny
une si exacte discussion , ne m'arrestera pas
long-temps , ne faisant qu'examiner les plus
grosses fautes ; tant à cause que j'en ay touché plusieurs endroits dans la suite de ce
discours , que parce que je crains d'abuser
de vostre bonté , que je n'ay déja que trop
fatiguée. Je vous diray donc en general de
la Piece de Monsieur Pradon , que je n'ay
veu qu'une seule fois , qu'elle n'est point
remplie de ces grandes intrigues , soûte-
nuës de ces hautes pensées , ny écrite de ce
sublime , que demande la majesté du Co-
turne tragique : Elle est mieux intriguée
que celle de Monsieur Racine , elle suspend
davantage les esprits , & excite un peu plus
la curiosité ; mais les incidens n'en sont
point d'une belle invention , ny d'un heu-
reux succés , ils ne donnent point les hautes esperances , ny les grandes idées , dont
il faut que la Tragedie entretienne ses Auditeurs : Enfin , il y a des fautes de juge-

ment qu'on ne peut pardonner ; & j'en vais toucher en passant quelques-unes.

ACTE PREMIER.

SCENE PREMIERE.

IL m'a semblé qu'Hippolyte fait trop connoistre à son Confident, l'amour que Phedre a pour luy, sans qu'on puisse sçavoir si elle luy en a fait declaration, ce qu'on ne nous laisse pas presumer, puisqu'elle ne luy en parle que long-temps aprés, & ce semble pour la premiere fois seulement. Un homme raisonnable a toûjours beaucoup de circonspection sur cette matiere : Il ne se flatte d'estre aimé qu'aprés des preuves bien certaines, ou quand il est assez facile pour le croire sur quelques apparences ; il n'est pas assez étourdy pour le témoigner aux autres ; & Hippolyte le devoit faire, d'autant moins que cette passion estoit contre toute apparence de raison, & toutes les regles de l'honnesteté.

SCENE II.

Aricie declare trop franchement à Hippolyte qu'elle l'aime, une simple Bour-

geoife ne le diroit pas fi nuëment , & la
plus grande coquette en feroit plus de façons , & tout ce que celle-cy dit de tendre
& d'empreffé, feroit mieux dans la bouche
d'Hippolyte, que dans la fienne : Il femble
qu'il ne luy ait témoigné de l'ardeur, que
pour arracher cét aveu , & l'air glacé dont
il la traite enfuite , fait croire qu'il fe moc-
que d'elle. Monfieur Pradon n'a pas le don
de tendreffe comme Monfieur Racine : Il
fait encore l'amour à la Provinciale ; mais
nos Belles luy pourront apprendre à ne pas
traiter cette paffion fi groffierement.

SCENE III.

Phedre n'a pas affez de retenuë , & fait
trop peu de façon dans la declaration qu'elle fait de fon amour à Aricie ; il femble
qu'elle parle d'une bagatelle , cependant
c'eft une chofe d'une confequence extréme : Et ce que j'ay veu de plus raifonnable
dans cette Scene , eft que pour reparer le
défaut du retour trop precipité de fon mary,
elle infinuë que par fon ordre,

De la mort de Thefée on a femé le bruit :

Mais il n'eftoit point befoin qu'elle prit
les violentes refolutions de faire la Guerre
à fon Epoux pretendu , & c'eft embraffer de
grands projets qui ne fervent de rien.

ACTE SECOND.

CET Hippolyte, qui avoit si grande
envie de partir, qui n'a pas voulu re-
ster à la priere d'Aricie sa Maistresse, demeure à la sollicitation de Phedre son ennemie, & par le galimatias d'une equivoque
plate & mal soûtenuë, veut faire croire que
son voyage se rompt en faveur d'Aricie, &
persuade à Phedre trop insensée, que c'est
pour elle qu'il ne part point.

Thesée arrive, & fait le recit de son
voyage, qui ressemble à une Relation des
avantures de quelque Chevalier errant, &
qui est trop contraire à la haute idée que
nous avons d'un grand Roy. Les Vers qu'il
baptise dū nom d'Oracle, ne se peuvent appeller ainsi; car le caractere des Oracles
qu'on a veu jusqu'à present, est d'estre extrémement obscurs, ou d'exposer une chose
qni paroist tres claire, & qui a cependant
un evenement tout contraire à celuy qu'elle sembloit promettre avec tant de clarté :
Voila les deux seuls modeles d'Oracle que
nous a fourny l'Antiquité : Aucune de ces
definitions ne convient à ce que Monsieur
Pradon appelle un Oracle : Il n'est point

obſcur, on ne peut pas s'expliquer plus clairement; l'evenement n'eſt point contraire à ce qu'il a promis, & ſon execution eſt conforme à ce qu'on en attendoit. Ainſi ces Vers ſe doivent plutoſt appeller une prediction faite par quelque Aſtrologue, qu'un Oracle rendu par un Dieu.

ACTE TROISIE'ME.

PHEDRE ſe laiſſe ſottement tromper aux ſoûpirs qu'Hippolyte a pouſſés devant elle pour Aricie. Il n'eſt pas vray-ſemblable que cét Hippolyte n'ayant jamais ſoûpiré pour Phedre, attende le retour & la preſence de Theſée pour commencer. Il n'y a pas non plus de fondement à ſes ſoûpirs, ce beau fils pretendu n'ayant jamais marqué que de la haine pour elle : C'eſt eſtre viſionaire d'expliquer des ſoûpirs pour ſoy, quand rien ne nous les adreſſe : & lors qu'un Amant laiſſe agir ces interpretes de ſa paſſion, les yeux prennent ſoin de les conduire ſeûrement, & certaines œillades qui les accompagnent toûjours, font aſſez connoiſtre avec qui ils doivent avoir commerce, & à qui ils ſont envoyez.

Cependant Phedre feroit toûjours reftée dans cette erreur groffiere , fi Aricie ne luy eut fait connoiftre par une crainre indifcre-te l'ardeur reciproque dont elle brûloit pour Hippolyte ; & cette peur d'Aricie n'eft ny judicieufement placée , ny délicatement ex-pliquée.

L'intrigue que je trouve la mieux inven-tée , eft celle où Thefée , foupçonnant que fon fils aime fa pretenduë femme , declare à Phedre qu'il veut le marier avec Aricie : Et quand Phedre , dans la furprife qu'on peut s'imaginer , obtient de Thefée d'en faire l'ouverture à fon fils. Surquoy elle pro-pofe à cét Amant d'époufer la jeune Hele-ne , qu'il rejette avec une baffe invective contre le mariage. Enfuite , fans aucun art, elle luy propofe Aricie. Panneau , extréme-ment groffier , & dans lequel pourtant Hip-polyte donne avec imprudence , fans fonger à ce qu'il vient de dire de l'hymenée , & fans faire reflexion que Phedre , qu'il fçait fi bien avoir de la tendreffe pour luy , peut le tromper , comme il le reconnoift par la fuite , quand elle luy dit qu'elle a refervé cette belle pour fon frere ; mais noftre Amant , étourdi dans un emportement plus grand , & plus aveugle que le premier , de-clare hautement qu'il l'adore , qu'il ne veut point fouffrir de rival , & l'une & l'autre

s'emportent, & se defefperent chacun de
fon cofté.

ACTE IV. et V.

CE s deux Actes font fi confus, que ne
les ayant pû entendre qu'avec dégoût,
je n'ay pû les retenir avec exactitude. Il n'eft
pas trop vrai-femblable que Phedre tienne
Aricie enfermée dans le Palais, & dans fon
apartement, fans que Thefée en fçache rien,
ny qu'une Reine, de fon chef, & de fon authorité, s'affure d'une Princeffe, fans avoir
aucun égard au Roy, qui eft prefent, fans
donner aucun pretexte à fon reffentiment, &
fans faire reflexion que, fi fon mari découvre
une violence fi peu fondée, & fi mal conduite, il reconnoiftra au mefme inftant la jaloufie criminelle de Phedre contre la Princeffe, l'amour reciproque d'Hippolyte &
d'Aricie, & enfin la pleine & entiere juftifi-
cation de cét innocent calomnié. Ajoûtons
à tout cela que la prifon d'Aricie, dans un
Cabinet, eft trop groffierement inventée,
& n'eft d'aucune utilité ny pour les pen-
fées, ny pour les intrigues de la Piece.
Hippolyte, que Thefée furprend à genoux
devant Phedre, eft un incident qui traine

depuis si long-temps dans les farces les plus triviales, qu'il est trop bas & trop usé pour estre supportable, mesme dans les moindres Comedies: Et dans cette conjoncture Hippolyte soupçonné d'inceste par son pere, devoit faire tous ses efforts pour le desabuser, au lieu de se retirer sans rien dire, cela n'est ny juste, ny naturel; & il pouvoit bien, sans accuser Phedre, se justifier devant Thesée, d'autant plus, qu'il n'avoit qu'à declarer la tendresse qu'il sentoit pour Aricie, que Phedre tenoit captive, & qu'il devoit avec empressement arracher des mains de cette jalouse par l'authorité de Thesée, à qui il falloit demander le salut & la liberté de cette Princesse, qui estoit dans un danger si pressant.

Le recit de la mort de Phedre & d'Hippolyte n'est pas suportable, il est rempli de mots impropres, de constructions barbares, & d'expressions rampantes. Et quant à ce qui regarde la versification en general, j'avoüeray sincerement que je ne me suis pas attaché à retenir les méchans Vers, parce qu'il auroit fallu charger ma memoire de la Piece entiere, & qu'il n'y a pas quarante Vers suportables en tout ce Poëme.

Cependant, c'est toûjours beaucoup pour Monsieur Pradon, d'avoir pû, au

moins parmy le Peuple , foûtenir quelque
temps le Paralelle avec Monfieur Racine ;
& comme les efforts obfcurs de ce jeune
Autheur ont donné de l'éclat au travail de
ce dernier, on peut dire que la Piece de
Monfieur Racine a fait valoir celle de Monfieur Pradon , quoy qu'il n'y ait aucune
comparaifon entr' eux.

   Du foin jaloux qui les occupe
Le Public feulement eft devenu la duppe ,
Au lieu de fe détruire, ils fe fervent tous deux;
Chaque Piece en effet fe trouve redevable
   De fon fuccez trop favorable
   A la haine de chacun d'eux,
   Et tel peu fenfible au merite
N'auroit point de Racine efté voir l'Hippolyte,
Tel autre de Pradon eût méprifé le foin
Qui veut de leur querelle eftre Juge & Témoin.

  Mais c'eft affez vous entretenir fur ce
fujet , Monfieur ; au refte , je ne pretens
point en tout ce que je viens de dire, a-
vancer des decifions certaines , je ne pro-
pofe que des doutes , je cherche à m'éclaircir , & non à condamner les autres , je
vous prie de prendre cette Differtation pour
l'effet d'une honnête & douce difpute , &
non comme une invective produite par
quelque animofité. Ces remarques viennent d'un efprit curieux , qui cherche à
s'inftruire , & non d'un cœur envenimé ,

qui veut offencer : apportés, je vous prie,
à cette lecture un efprit auffi peu prevenu
que je le fuis, en faveur de l'un & de l'autre.
Ces Autheurs me font également indiffe-
rens, je croy leur rendre une égale juftice,
& ne voudrois eftre l'ennemy d'aucun :
Mandés-moy voftre fentiment fur cette
Differtation, que j'ay tâché, comme dit
un Poëte Latin, d'écrire fans crime, &
foyés perfuadé que je feray toûjours tout
à vous.

F I N.

EXTRAIT DV PRIVILEGE
du Roy.

PAr grace & Privilege du Roy, donné à Paris le 4. jour de Mars 1677. Signé Par le Roy en son Conseil, DESVIEUX. Il est permis à CHARLES DE SERCY Marchand Libraire à Paris, de faire imprimer, vendre & debiter un Livre intitulé *Dissertation sur les Tragedies de Phedre & Hippolyte*, pendant le temps de sept années, entieres, finies & accomplies. Et défenses sont faites à toutes personnes d'imprimer, ou faire imprimer ledit Livre, sans le consentement de l'Exposant, à peine de quinze cens livres d'amende, confiscation des Exemplaires contrefaits, & de tous despens, dommages & interests : Ainsi que plus au long il est porté audit Privilege.

Achevé d'imprimer pour la premiere fois ce 10. *Mars* 1677.

Les Exemplaires ont esté fournis.

www.ingramcontent.com/pod-product-compliance
Lightning Source LLC
LaVergne TN
LVHW022019080426
835513LV00009B/783